AF460808

11

LE NAVFRAGE ET DEBRIS DE LA FLOTTE ANGLOISE.

Et le nombre des Capitaines & Soldats qui ont esté arrestez à Quimpercorentin & autres costes de Bretagne.

2

Iouxte la copie Imprimee à Rennes par I. Hardy.

A PARIS,

Chez IACQVES DVGAST, ruë de la Harpe, à la Limace, pres la Roze Rouge.

M. DC. XXVIII.

Auec Permission.

Naufrage & debris de la flotte Angloise.

Et le nombre des Capitaines & Soldats qui ont esté arrestez à Quimpercorentin & autres costes de Bretagne.

IL falloit bien, puis que les Rochelois s'estoient chastiez eux mesmes, que les Anglois aussi sentissent la main vangeresse de Dieu, pour auoir si laschement attaqué nostre Roy, & meschamment assisté, ou tasché d'assister les Rochelois apres auoir esté deffaits honteusement l'année passée, & contraincts de s'en retourner sans rien faire, mais non sans perte de vaisseaux & boucherie de leurs soldats. Voyons comme ceste seconde flotte de cent & quatre-vingts, vaisseaux a succedé.

L'on sçait qu'ils ont perdu en plusieurs approches

neuf bruslons & cinq vaisseaux & plusieurs bõs soldats : Voyant donc qu'ils auançoient si peu, car vne seule patache par la tempeste sauta par dessus la Digue qui arriua à la chesne, deux petis vaisseaux trouuerent passage, mais l'vn s'eschoüa & l'autre à coups d'artillerie auec ses hommes perit, & voyant en outre que le Roy estoit maistre de la Rochelle, ils prindrent resolution de leur retour, & le troisiesme de Nouembre se rendirent à l'Isle de

S. George. Ils estoient encore, à l'ancre le Samedy quatriesme, quand vne furieuse tempeste s'esleua qui engloutit quatorze de de leurs vaisseaux à la veuë du reste de la flotte, ils tindrent conseil, & comme la mer sembloit se vouloir calmer, fut conclud entr'eux de cõtinuer leur voyage tous ensemble. Le Dimanche cinquiesme du present, la mer entre en furie, & les force de prendre le large, pour ne s'entrechoquer les vns les autres: l'Admiral de neuf cens tonneaux s'entr'ouure & peu de temps apres s'abysme dedans la mer, & iusqu'à present l'on n'en a eu nouuelle, ils se r'assemblent encore, mais la mer les desassemble, & perdent de plus quelques vaisseaux, & le reste est ietté qui çà, qui là, les paysans s'apperçeuant que la mer iettoit à la riue force corps morts, s'arment de bonnes haches en intention d'acheuer ceux qu'on trouueroit en vie, qu'esmeut à compassion Monsieur de Querolein qui a le

Gouuernement des costes voisines & pour ce defendit qu'on ne tuast aucun de ceux qui eschapperoiẽt ce naufrage. Deux Capitaines Anglois se rendirent à luy & quarante de leurs soldats, entr'autres la tempeste ietta aux Havre de Penmarch trois vaisseaux, desquels on n'a peu sauuer que cinq canons, les hommes qui estoient dedans se sont rendus à la misericorde des Bretons qui les ont enuoyez à Quimpercorentin, on s'est contenté de mettre en

prison

prison six des principaux pour ſçauoir de ſa Majeſté comme l'on ſe doit comporter, le reſte court par la ville & fait compaſſion à ceux qui les voyent, on les a interrogez iuridiquement, & tous ſe ſont accordez en ce que nous auons narré & adiouſtent qu'ils ne penſent pas que cinquante vaiſſeaux ſoient ſauuez, & que Soubize a ruiné leur maiſtre, qu'il eſt ſans gouuernemẽt & que quand a eux qu'ils penſent qu'il s'eſt perdu luy meſme & noyé auec ſes compagnons.

Le premier de ces trois vaisseaux estoit de cent tonneaux, & y auoit deux cens bons hommes dedãs, le second estoit de quatre vingts, l'autre estoit vne chaluppe, on ne void par les riues qu'aborder des corps morts, le temps descouurira peut-estre que les autres vaisseaux n'ont pas eu meilleure fortune

Le neufiesme & dixiesme les Anglois combatirent la tempeste le mieux qu'ils peurent, mais enfin la mer eut le dessus, & rédit aux costes proche de Vennes quelques vaisseaux tous desarmez, & les hommes espuisez de forcee, qui monstroient bien qu'ils auoient esté mal menez. La necessité les force, ne pouuant plus se seruir de leurs vaisseaux de se rendre, ils estoient cent, & tous Anglois, ou pour le moins à leur langage on pouuoit croire qu'ils l'estoient, car ils parloient tous bien Anglois.

Il ne manque à Vennes de Marchands qui entendent l'Anglois, on se sert d'eux pour interoger ces ces pauures gens, ils confessent qu'ils sont le reste de trois mille, ils parlent peut estre de leur bande, Car on sçait bien que d'autres ont esté plus mal traictez & engloutis des ondes. Le douziesme du present à Morlaix on apperceut des Nauires, battus du vent & de la tempeste, qui par force se viennent rendre à leur coste. On se prepare à les receuoir, & l'on pensoit bien que c'estoit des vaisseaux Anglois : car desia on sçauoit leur naufrage & debris, il ne fallut contester auec eux ils se rendirent à la mercy & misericordes de ceux qui les aborderent. C'estoit grande pitiè de les voir plus morts que vifs, & si abattus & recreus qu'ils ne pouuoient se soustenir sur leurs pieds, tous leurs vaisseaux estoient inutiles & desarmez, les Matelots en nombre de cent, les soldats enuiron six vingts, qui rodent par la ville, & apprennent à demander l'aumosne, qu'on leur dõne fort volontiers, tant ils font de pitié & compassion a ceux qui les voyent, leur chanson ordinaire est qu'ils n'auoient que faire de venir a la Rochelle pour la seconde fois ayant esté si mal menez a la premiere.

N'est-il donc pas vray que les Anglois par la mer ont senty la peine deue a leur temerité, & que nous auons dequoy remercier Dieu, de nous auoir vangé sans perte de nostre armée, & par la main de nos ennemis.

FIN.

www.ingramcontent.com/pod-product-compliance
Ingram Content Group UK Ltd.
Pitfield, Milton Keynes, MK11 3LW, UK
UKHW020235180726
13838UKWH00005B/2401

9 782019 965587